# Die Einsamkeit



Christoph August Tiedge

Alpha Editions

This edition published in 2022

ISBN : 9789356902848

Design and Setting By
**Alpha Editions**
www.alphaedis.com
Email - info@alphaedis.com

# DIE EINSAMKEIT.

## *Vorbericht.*

*Ueber die nachstehende Epistel hätte ich dem Publikum eigentlich nichts zu sagen, wenn mir nicht die Ursache ihrer Erscheinung ein paar Worte abnöthigte, die mich sehr die Verlegenheit fühlen lassen, von mir selbst reden zu müssen. Ich gehe damit um, meine zum Theil noch ungedrukten, zum Theil aber seit 1783 zerstreut erschienenen Episteln, nach einer strengen Auswahl und Durchsicht, in einer Samlung den Händen des Publikums zu übergeben, wovon nun schon eine nähere Ankündigung erschienen ist. Mancherlei Ursachen bestimmen mich, den freilich oft gemisbrauchten Weg der Pränumeration einzuschlagen. Sehr viele meiner Freunde haben sich indessen für mein Unternehmen interessirt. Und wenn mich die Aussicht eines entsprechenden Erfolgs bei den ersten Schritten nicht durchaus verläst: so wird die ganze Samlung meiner epistolarischen Gedichte Michaelis dieses Jahres ohnfehlbar erscheinen, unter Bedingungen, welche die bereits ausgegebene Anzeige darlegt. Die gegenwärtige Epistel über die Einsamkeit soll eine Vorläuferin der ganzen Samlung seyn, um dem Publikum, dem ich nur aus früheren Ausstellungen bekannt bin, den Erwartungspunkt an die Hand zu geben. Ich glaube dies unsern Zeiten schuldig zu seyn, die mit einem sehr begreiflichen Widerspruche zu sehr und zu wenig poetisch sind.*

*Halberstadt, im Januar 1792.*

# *An*
# *Lina.*

Es giebt auf Gottes schöner Welt
Gewis noch manche schöne Stelle,
Wo ich mir wol ein Hirtenzelt
Hinbaut', an einer kleinen Quelle,
Verstekt in einem Schweizerthal,
Wo, wenn die Wind' aus Norden stürmten,
Vertraute Pappeln mich beschirmten,
Und wo ein Wäldchen, wenn der Stral
Aus Südens Feuerschoos die Schwinge
Dem West versengte, mich empfinge:
Wo ich, vom Drang und Schein der Dinge,
Von Lug und Trug der Menschen fern,
Mich vest an meine Stille schmiegte;
Wo ich den lezten Hang zum Spott,
Den ein bethörter Donquixott
Sonst leicht in Flammen blies, besiegte.
Ja solch ein Pläzchen liegt noch hier
Und da verstekt; allein vor allen
Hat Dein geliebter Hügel mir
Im Schlehenkranze wohlgefallen,
Wo friedlicher die Lüfte wehn;
Wo durch das Thal der Nachtigallen
Sich lieblicher die Bäche drehn;
Wo silberner die Blüten wallen,
Die von des Frülings Schoose fallen.

Wie einsam steht er da! wie schön!
Im frischgewebten Feierkleide,
Als hätt' er sich zum Tanz geschmükt;
So schön, wie in der grünen Seide
Kaum Minnas weisser Finger stikt,
Und welche Aussicht in die Auen,
Die er beherrscht! – O Freundin, hier,
Hier möcht' ich mir die Hütte bauen,
Wo Turteltauben über mir
In schönen Zweigen traulich girrten,
Und zu der Hand des stillen Hirten

Herunter flatterten, und sich
Vertrügen unter meinem Zelte,
Und mich umschmeichelten, wenn ich
Zur Botin eines Briefs an Dich
Die kleine Tejerin bestellte.

Da legt' ich mir ein Gärtchen an,
Und flüsternd sollten, wie Gedanken
Der Liebe Deine Seel' umranken,
Die Sprösslinge der Rebe dann
Mein kleines Ohnesorg' umschwanken.
Da wär' ich erst ein freier Mann,
So frei, wie meine Nachtigallen;
Da lüd' ich aus dem nahen Hain
Die Sänger in die grünen Hallen,
Zu süssen Wettgesängen, ein.
Wir sängen, bis am dunkeln Hain
Uns Cynthia von fern begrüste:
Nun führe selbst die Königin
Der Sterne durch die graue Wüste
Des Aethers, minder eilend, hin.

Gern würde mich der Wald verstekken;
Da könnte mir den heitern Sinn
Kein Hasser aus dem Herzen nekken;
Da sollte wol die Schwäzzerin,
Die Neugier selbst, mich nicht entdekken;
Mich würd' ein immer froher Muth
Zu lauter Freudenliedern stimmen;
Entfernt von jeder Lasterbrut,
Würd' ich zum Zorne nie entglimmen;
Nie würde mir in seinem Blut
Ein guter Nam' entgegen schwimmen.
Auf einer stillern Lebensfluth,
An deren Ufern, überhangen
Mit Rosen, unbelauscht von Schlangen,
Ein reines Herz so selig ruht,
Würd' ein entwölkter Himmel spiegeln;
Und leise würde hinter mir
Ein Genius der Ruh die Thür
Zum Tempel der Natur verriegeln;
Damit in meiner Einsamkeit
Mich nicht die tausend Dinge störten,

Die einst an Blüten meiner Zeit,
Gleich gierigen Insekten, zehrten,
Bis sie zur Abgeschiedenheit,
Zum Selbstgenus, mein Herz bekehrten,
Und mich durch ihren Unbestand,
Den meine Ruh so oft empfand,
Die Kunst, sie zu verachten, lehrten.
Von jedem Weltgetös' entfernt,
Und fern vom Pöbel niedrer Freuden,
Der täuschend gute Seelen körnt,
Würd' ich mich an der Einfalt weiden,
Die selbst vom Hänfling Weisheit lernt.
O welche Wollust, auszuruhen
Vom Wirbeltanz der Unnatur!
Dann würden Thal, und Hain, und Flur,
Beredter als die Bourdalouen,
Die goldnen Sprüche der Natur
Mir in die stille Seele flüstern;
Nie würd' ich nach der Täuschung lüstern,
Die alles, nur nicht glüklich, macht.

Nein, ich beneide nicht die Pracht,
Die manches Elend überschimmert,
Und, wie der stolze Blik auch lacht,
Die Ruh im Herzen niedertrümmert!
O der betrügerischen Pracht!
Ein frohes Herz, frei von Verschuldung,
Ist warlich mehr, als die Verguldung,
Die keinen Gek zum Weisen macht.
Schau hin auf jene Vorgemächer,
Wo man einander quälend ehrt!
Die liebe Langeweile leert
Auf diese Gruppen einen Köcher,
Der nie mit seines Pfeiles Gift
Das Leben Deiner Stunden trift.
Tritt näher, Freundin, den Geräuschen,
Nach welchen man sein Daseyn misst,
Das, klein und kriechend, wie die List
Durch die es Nichts, und Alles, ist,
Sich martert, um sich selbst zu täuschen.

O wie verliert sich das Gefühl
Der Wahrheit auf dem Welttheater,

In Nachahmung und leeres Spiel!
Vergönnt mir nur der gute Vater
Des Lebens, die Zufriedenheit,
Mein Herz mit jener Heiterkeit
Und Wahrheit der Natur zu nähren:
So weilt im Schatten meiner Zeit
Das stille Glük, das selbst der Neid
Nicht würdig achten wird zu stören.

Dich, Vater, find' ich überall
In der Natur! Der Wasserfall,
Das Lüftchen, das mit seinem Flügel
Die Blüt' umarmt am Schlehenhügel,
Das hohe Lied der Nachtigall,
Selbst das Gekreische froher Raben,
Ja Alles spricht so gut von dir,
Und nichts verläumdet dich, als – wir!
Wir Menschen, voll von deinen Gaben,
Und dennoch von dir selbst so leer!
Was Menschen erst entgöttert haben,
Nur darin find' ich dich nicht mehr!

Ja, Freundin, es ist warlich schwer,
Zur Unnatur sich zu gewöhnen,
Und durch die trügerischen Szenen
Der Klugheit, die so freundlich hasst,
So höflich mordet, froh die Last
Des Lebens vor sich herzuwälzen.
Im Schuz der Einfalt einer Flur,
Und zwischen friedlichen Gehölzen,
Verstatte mir nur die Natur,
An ihrem Tisch mich zu vergnügen!
Bei ihr ist Wahrheit! Ihre Flur
Straft jeden Fürstenteppich Lügen;
Bei solchem Freudenmale nur,
Trank ihr geliebter Epikur,
Ihr Priester, einst, in langen Zügen,
Die unvermischte Wollust ein.
O er verstand's, im grünen Hain,
An ihrem Busen sich zu wiegen!
Und das wär' ihm nicht zu verzeihn?

Nicht zu verzeihn, daß er die Schale
Des Lebens aufschloss, und den Kern,
Von allem Weltgetöse fern,
In einem kleinen Rosenthale,
Das seine Hand erzog, genoss?
Nicht zu verzeihn, daß auf der Stelle
Der Veilchen seine Weisheit spross?
Daß ihm in grün umwebter Quelle
Die Lehre seiner Tugend floss?
Verzieh doch er dem grossen Tross
Der Thoren, die an Schalen käuten,
Die Armuth ihrer Schwelgerei!
Las sich die Streitsucht müde streiten,
Die ewig fragt: was Freiheit sey?
Mein Epikur war weis' und frei!
Und war er's nicht: wo würd' ein Leben,
Und wär's an Götterfülle reich,
Im Himmel und auf Erden, euch
Bericht auf eure Frage geben?

Oft hört' ich auch: ein weiser Mann
Ist immer frei! wie leicht gesprochen,
Nur nicht so leicht gethan! Wie kann
Auch selbst ein Weiser sich entjochen
Von manchem Niederdruk, woran
Die Sorg' ihn knüpft, mit allen Härten
Des Misgeschiks, und wenn er dann
Zur Einsamkeit in seine Gärten,
Wie Epikur, nicht flüchten kann,
Wo ihm der Freiheit Mirten blühen?
Was bleibt ihm nun? Etwa der Welt,
Worin ihm manches nicht gefällt,
Wie Jakob Rousseau, zu entfliehen,
Und von den Possenspielen fern,
Worin sie wirbelt, aus dem Kern
Sich eine bessre Welt zu ziehen?
Wo Hass und Unruh nie das Fest
Der Unschuld und der Freude stören?
Ich rathe nicht dazu!
Es läst Sich immer noch die Frage hören:
Ob wir bei einem ew'gen Fest

Der Freude wol beglükter wären,
Als diese Welt uns werden läst,
Die freilich uns noch manche Zären
Und Seufzer aus dem Herzen prest,
Dem schöne Pflanzungen verwildern,
Die schönste Hofnung Täuschung giebt.
Was hilfts, nach rosenfarbnen Bildern
Zu haschen, die ein Hauch zerstiebt?
Man schafft, empört von dem Tumulte,
Der um uns her sein Wesen treibt,
Sich eine Welt, bei seinem Pulte,
Die glüklicher im Pulte bleibt.

So hab' auch ich, in schönen Träumen,
Mir manches Paradies geträumt,
Und seinen Horizont mit Säumen
Des schönen Morgenroths besäumt,
Aus dem, mit Lichtgeström umschäumt,
Im Schimmer seines Glanzgeschmeides,
Der Tag den Elisäern keimt,
Und das Phantom des Weltgebäudes,
Das ich für meine Ruhe schuf,
War lieblich anzusehn! Des süssen,
Des reinen Daseyns zu geniessen,
War hier der einzige Beruf
Der Göttermenschen, die ich schuf.
Sie waren alle Virtuosen
Der Tugend, und die Unschuld lag
Auf Blättern hingewehter Rosen,
So ruhig, wie der Feiertag,
Der ewig meinen Fluren glänzte,
Vollauf von der Natur beschenkt,
An deren Busen, ungekränkt,
Der Friede sich mit Epheu kränzte,
Mit keiner Fessel mehr bekannt,
Auf welche Trug und Bosheit pochten,
Als nur mit der, die, von der Hand
Der Treu im Mirtenhain geflochten,
Sie nur im Schoos der Liebe fand.
Kurz meine Welt, das Vaterland
Der Ruh, war eine schöne Welle,
Die in den Strom der Welten rann;

Da lächelte aus jeder Quelle
Ein Engel einen Engel an.

Der Freundschaft süsse Rosen glühten
So unverwelklich durch den Hain
Des Lebens, so von Giftthau rein,
Wie sie nur auf der Insel blühten,
Die, ohne Stolbergs Phantasie,
Im grossen, unbegrenzten Meere
Der weiten Idealogie,
Wol unentdekt geblieben wäre.
Man lebt' in süsser Harmonie.
Sanft athmete, durch alle Triebe
Des Strebens, nur der Geist der Liebe,
Der Geist der holden Sympathie,
Der meinem Volke, fern vom stolzen
Aufstrebungsgeist, den Sinn verlieh,
Mit welchem, Herz in Herz verschmolzen,
Die allerreinste Melodie,
Der Wohllaut eingestimmter Saiten,
Den Plato selber nur vom weiten
Im Traum empfunden haben soll,
Ins grosse Chor der Wesenheiten
So zauberisch hinüber quoll.

Bei diesem ungestörten Liede
Der Seelenharmonien, lag
In seinem Palmenhain der Friede,
Und feierte, der Flucht nun müde,
Den feierlichsten Ruhetag,
Der jemals auf dem Augenliede
Der jungen Morgenröthe lag.
Und ausgesöhnt war Erd' und Himmel,
Ein nie umwölkter Sonnenschein
Beschien das frölichste Getümmel,
Beschien den ewig grünen Hain.

Die von der Weisheit selbst verehrte
‚Nicht leichte Kunst, sich stets zu freun,
Die sonst kaum Weisen glükte, hörte
Ganz auf, die schwere Kunst zu seyn,
Die Vater Utz im Mirtenhain
Der Unschuld und der Liebe lehrte,

Und Gleim, den jede Rosenflur
Der Musen liebt, und immer liebte,
Durch vierzehn schöne Lustren übte:
Sie war blos Gabe der Natur.

Das Heiligthum der Gabriele
Gab meinem Volke jeden Zug,
So wahr, daß er das Bild der Seele,
Aus welcher er gequollen, trug;
Und Sanftheit sprach aus jedem Zug.

Kein Wild durchächzte die Gebüsche,
Vor wildern Menschen auf der Flucht;
Man war noch menschlich; kein Gemische
Vergossnen Bluts und grüner Frucht
Lies man zu seinem Mahle tragen –
Der Mensch, aus unschuldvollern Tagen,
Der fiel gewis das Thier erst an,
Eh er es über sich gewann,
Sein eignes Wesen zu erschlagen. –
Noch lebten meine Lotophagen
Mild, wie der Hain, sanft, wie die Flur,
In süsser, unschuldvoller Frohheit,
Weit zwar entfernt von wilder Rohheit,
Doch dicht am Busen der Natur,
Umwebt mit friedlichen Oliven;
Den Segen der Zufriedenheit
Lies ich von allen Zweigen triefen,
In deren Schatten, überstreut
Mit Blumen jener goldnen Zeit,
Die Unschuld und die Liebe schliefen.

Vielleicht, wenn mein Vielleicht nicht irrt,
Erwartest du, wie hell die Wahrheit,
Im ganzen Aufwand ihrer Klarheit,
Durch meine Schöpfung leuchten wird?
Sie kam von selbst, auf allen Wegen,
Die sich durch mein Elisium
Hinschlangen, meinem Volk entgegen,
Man irrte nie um sie herum;
Man pflükte nicht aus Dorngehegen,
Nicht mühsam ihren Rosenkranz;
Sie warf ihn jedem Wunsch entgegen;

Sie mischte sich in Spiel und Tanz:
Da ward sie, troz dem ofnen Segen,
Den sie durch meine Götterwelt
Hinströmen lies, in leichten Spielen
Verstekt, zum Wettkampf aufgestellt. –
Wie doch die Wahrheit den Gefühlen
Des Herzens, nur verhüllt, gefällt!
Mit Mühe wollen wir sie haschen!
Die Freude, sie zu überraschen,
Ist das, was ihren Reiz erhält.

Und streng und freundlich wog die Waage
Der offensten Gerechtigkeit,
Von keiner Frevelhand entweiht,
Das Recht der Wahrheit zu, und Tage
Voll Einfalt, Still' und Heiterkeit.

Die reizende Bescheidenheit,
Der reinen Wahrheit treu, verhüllte
So tief sich in sich selbst hinein,
Daß meine Welt der Wiederschein
Von ihren Thaten nur erfüllte.

Die Duldung – himmlisch hold erschien
Sie im erhabnen Schmuk der Demuth,
Und um ihr Lächeln lies die Wehmuth
Ein sanft verhüllend Wölkchen ziehn.
So führte sie in jede Hütte
Die stille Sanftmuth selbst hinein,
Die schloss den Druk, durch den sie litte,
Geheim in ihrem Busen ein.
Den Druk? – Woher denn Druk und Pein
In einer Welt, der die Verschuldung
Nichts zu verzeihn, zu dulden gab?
Wie kam denn Sanftmuth, wie kam Duldung,
Wie kam Zufriedenheit herab
Auf eine Welt, die, von Verguldung
Der Thorheit weit entfernt, sich froh
Im Sonnenschein des Friedens sonnte,
Vor welchem jedes Laster floh;
Wo man durchaus nicht anders konnte,
Als nur zufrieden seyn und froh?
Bedurften jene stillen Tage

Der Unschuld, die kein Unrecht kennt,
Der Tugend jener gleichen Waage?
Der Hand, die Recht und Unrecht trennt?
Man lebt' in einer süssen Jugend
Der Kindheit noch, zu kindlich rein,
Zu fromm, um tugendhaft zu seyn;
Du siehst denn, Freundin, manche Tugend
Kann unter Lastern nur gedeihn!
Der Sturmwind, der den Feldern wütend
Die tiefsten Narben hinterläst,
Errettet, tausendfach vergütend,
Das Land vielleicht von einer Pest.
Nimm zwanzig Laster weg, so schwinden
Vielleicht zehn Tugenden dahin!
So las uns denn, für den Gewinn,
Auch immer den Verlust verwinden,
Und stets der Tugend Blumen streun!
Der Kranz, den wir der Tugend winden,
Wird einst ein schönes Erbtheil seyn,
Das wir in ihrem Schoose finden,
In irgend einem Friedenshain,
Wo sich die Knoten von den Dingen
Vielleicht ein wenig anders schlingen,
Als in dem Erdenlabyrinth,
Das uns, wie weit wir immer dringen,
Mit seiner Schattennacht umspinnt.

Verzeihe denn, du gutes Kind
Der Unschuldwelt, daß an den Frieden
Der bessern Zukunft, die hienieden
Gehofft wird, ich nicht glauben kann!
Vom Schauplatz, wo an wilden Dolchen
Manch edles Leben blutig rann,
Schwing' ich zur Gottheit mich hinan,
Die dies Gewebe nur aus solchen,
Und nicht aus andern Fäden spann,
Wie sie vielleicht der Mensch ersann,
Der weise Thor, der, in der Mitte
Der Schöpfung da zu stehn, sich deucht;
Und mit der Schöpfung seine Hütte,
Sich mit der Gottheit selbst vergleicht,
Die er noch, Wunder! glaubt zu ehren,
Wenn er so gütig für sie sorgt,

Und, zu der Haushaltung der Sphären,
Ihr seine Hüttenweisheit borgt.
Nach tausend aufgeklärten Jahren,
Wird noch die Sonne Menschen sehn,
Wie, unter längst verschwundnen Schaaren,
Die Borgia's und Alba's waren,
Und Titusseelen, gross und schön,
Die unverlezlich die Gefahren
Der Zeitenpestilenz bestehn.

Die Welt rollt stets in Einem Gleise:
So schleicht auch Menschenleben fort,
Sich immer gleich, von Ort zu Ort,
Als dreht' es sich in einem Kreise.
Wir hoffen, hoffen! und das Dort
Wird endlich hier, dieselbe Reise,
Derselbe Weg, dieselben Gleise,
Bald Wiesenplan, bald eingeengt;
Nun einsam, izt vom Tross gegängelt;
Hier blumig, dort vom Stral versengt,
Der über unserm Haupte hängt;
Und die Gefärten, nie verengelt,
Ein Haufe, der sich immer drängt,
Bis sich der Weg ins Dunkle schlängelt,
Und uns das öde Thal empfängt,
An dessen stille, dumpfe Schatten
Die lichte Heimathflur sich schmiegt,
Die den Ermüdeten, den Matten
Im mütterlichen Schoose wiegt.

Doch, wie die Ruhe nun erlangen,
In einer Welt, wo Laster sind,
Auch wol seyn müssen; die durch Schlangen
So viel Vollkommenheit gewinnt,
Als durch die sanfte Ringeltaube,
Die, aus den Zweigen deiner Laube,
Durch holdes Girren mit dir spricht?
Wie läst sich da die Ruh erringen,
Die unserm Herzen doch gebricht? –
O! dazu führt, vor allen Dingen,
Die schöne, menschlichschöne Pflicht:
Alliebend, wie das Sonnenlicht,

Ein jedes Wesen zu umschlingen,
Das sich in unser Daseyn flicht;

Die bessern Seiten aufzuspüren,
Die jedes Wesen trägt, und schön
Den Sphärenraum damit zu zieren,In dem sich unsre Tage drehn;
Zu sorgen, daß kein Tag vergebens
Für uns die Schwalbenflügel regt,
Weil jeder einen Theil des Lebens
Von uns auf seinen Schwingen trägt;
Frisch fort zu gehn, was unsern Tritten
Auch in den Weg sich wirft, und dann –
Die Gottheit selbst um nichts zu bitten,
Was man sich selber geben kann.
Ein reines Herz, ein Herz voll Ruhe,
Kann uns die Gottheit nicht verleihn,
Was ihre Huld auch für uns thue!
Der Mensch soll selbst, er soll allein
Der Schöpfer seiner Seelenruhe,
Der Gott in seinem Himmel seyn!

Doch wird uns oft die Ruh' entrissen;
Die Ebb' und Fluth, die uns umringt,
Läst nur zu oft sie uns vermissen:
Doch, Lina, desto süsser schlingt
Der Friede, von der Lind' umdüftet,
Und fern von allem eitlen Schmuk,
Um uns den Engelarm, und lüftet
Dem müden Pilger jeden Druk,
Wann endlich von verbrannten Haiden,
Durch welche seine Bahn sich krümmt,
Der blaue Wald, voll Lebensfreuden,
In seine kühle Ruh ihn nimmt.

Nun seyd gegrüst, geweihte Schatten
Der Einsamkeit! Nun sey gegrüst,
Du frische Quelle, die dem matten
Verschmachteten entgegen fliest,
Die, unter grün umflohrten Schatten,
Die weitre Wallfarth ihm versüst.
Die kleinen lieblichen Sirenen
Der Waldgesänge laden nun
Den Pilger ein, bei ihren Tönen,
Am Bachgeriesel, auszuruhn.

Und endlich giebt er seinen Segen
Dem Rasen, wo er ausgeruht,
Und eilt mit hofnungsvollerm Muth
Dem vorgestekten Ziel entgegen.
Denn diese Ruhe, diese Kühle,
Die seine Flammen löschte, macht
Der Pilger nicht zu seinem Ziele;
Gestärkter eilt er nur, gelehnt
Auf seinen Stab, durch die Gefilde.
Sprich! kennst du nicht in diesem Bilde
Das Herz, das sich nach Stille sehnt?
Das, oft verkannt, sich selbst nur kenntlich
Durch manche Hofnung hingeharrt,
Durch manche Täuschung, bis es endlich
Sein eigner Gott, sein Schuzgott ward!

O Ruhe! wenn im Abendgolde
Zu Dir des Haines Athem stieg,
Und feiernd die Natur, du Holde,
Vor deinem Altar stand und schwieg:
Wie strebte dann aus dem Getümmel
Mein Herz hinaus, um hinzufliehn
Zu dir, und deinen ganzen Himmel
Dicht um mein Wesen herzuziehn!
Wo an vergötternden Gedanken
Die edlern Lebensfrüchte schwanken,
Die nur in deinem Schoose blühn,
Wo rein, und unberührt vom Neide,
Durchs Haar der unentweihten Freude
Die königlichen Rosen glühn:
In diesem stilleren Geschmeide
Flieht sie den Stolz und wandelt nur,
Mit jenem Sinn der Unschuld freier,
Und seliger, durch Hain und Flur;
Da wischt sie jede dunkle Spur
Des Grams, mit ihrem reinen Schleier
Hinweg vom Antliz der Natur.

Die Einsamkeit, die hohe Stille
Vergöttert und erhebt den Geist,
Daß er sich kühn, aus dieser Hülle
Der engen Sinnlichkeit, zur Fülle
Der Feier seines Himmels reisst.

Hier blühn ihm ewige Naturen
Aus der Unendlichkeit hervor;
Hier tönt der Welten grosses Chor,
Hier spriest auf reinen Aetherfluren
Ein junges Sonnenheer empor;
Hier blizzen heller ihm die Spuren
Der Gottheit auf. Ein stilles Licht,
Unsichtbar dem profanen Volke,
Versilbert jede Schattenwolke,
Die sich um seine Ruhe flicht,
Und ihm die Aussicht in den Spiegel
Der schönen Zukunft unterbricht,
Die auf dem weichen Taubenflügel
Der Ahndung um den Rasenhügel
Geliebter Urnenreste schwebt,
Und nun, entfesselt von dem Zügel
Des Erdensinnes, sich zum Spiegel
Der reinern Fluth der Wahrheit hebt.
Er hüllt sich tiefer ein ins Grauen
Der Mitternacht, dem Ernst geweiht,
Und auf die Blumen seiner Zeit,
Auf seine schönsten Stunden thauen
Die Tropfen der Unsterblichkeit.
Er sieht am Ufer, wo die Zeit
Ihr Laub noch fallen läst, mit Schweigen
Das Wogenfluthen, und das Steigen
Und Sinken der Vergänglichkeit.
Der Vorwelt graue Schatten zeigen
Von fern ihm jedes grosse Ziel,
Von welchem jede Krone fiel,
In der sie noch den Strom umschimmern,
Der über Piramiden siegt,
Sie wegspült, und mit ihren Trümmern
Vorbei an seinem Ufer fliegt.
Zum Lispelton der Laubenrosen,
Die um den stillen Denker blühn,
Tönt lieblich das entfernte Tosen
Der Wellen, die vorüber fliehn.
Er nimmt zur Stille seiner Rosen
Die Welt- und Menschenkunde mit,
Die er aus jener Fluth erstritt;
Die leitet dann zu dem Gebiete
Der Wahrheit, wo die stille Blüte

Der Ruhe duftet, seinen Schritt.
Gerettet von den Truggestalten,
An die der Wahn der Thorheit glaubt,
Uebt er die Kunst, sich vest zu halten,
Daß ihn kein Trug ihm selber raubt.

Komm! las mich jedes Harms vergessen,
Der mit der Welt mich oft entzwei't,
Und folge mir zu den Zypressen,
Zur Stille meiner Einsamkeit!
Ein Pläzchen sey mir zugemessen,
Wo nie ein Stolz den andern drängt;
Wo still, wie eine Sabbathfeier,
Und heilig, wie ein Altarschleier,
Der Schatten der Zypressen hängt.
Geheiligt sey die Feierstille,
Die Ruh, die von den Zweigen tröpft,
Aus der das Daseyn erst die Fülle
Des wahren, reinen Lebens schöpft,
Dem nie die stillen Freuden fehlen,
Die Gott in unser Daseyn warf!
Das Leben, nicht das Daseyn, darf,
Nach Tagen, seine Summe zälen.

Die Luft der Welt ist rauh und scharf;
In ihrem Sturm wird manche Blume,
Voll Frucht des Geistes, abgestreift,
Wenn ihre Pflanz' im Heiligthume
Der Stille nicht zur Dauer reift.
Befruchtung, die der Still' entträuft,
Die kann den Sonnenschein vergüten,
Den Thau, der sich auf Nesseln senkt,
Und seltner die bescheidnen Blüten
Des Geistes und des Herzens tränkt.

Sie ist das Land der Geistessaaten,
Der Herzensblüten! Reiften nicht
In ihrem Schatten jene Thaten,
Die leuchtend, wie ein flammend Licht,
Hinstralen durch so manch Jahrhundert,
Von einer Ewigkeit bewundert,
Die dankbar ihre Frucht noch bricht?
Sie trug von jeder schönen Pflanze

Die schönste Blume zu dem Kranze,
Der sich um Friedrichs Namen flicht.
Ihm galten Kron' und Zepter wenig;
Mit tausend Sorgen überstreut,
Fühlt' er in ihrem Prunk den König,
Sich fühlt' er – in der Einsamkeit!
Mit eignen Stralen sich bekränzend,
Gieng still sein Geist, so still und glänzend
Wie sein Gestirn, aus ihr hervor,
Aus ihrem Hain, den zum Asyle
Für ihre seligern Gefühle
Sich seine Königssorg' erkor.

Das Laster brütet nur Verderben
In ihrem Schoos, tränkt hier mit Gift
Den Mörderpfeil, der noch den Erben
Des kommenden Jahrhunderts trift.
Doch wird sie die Entweihung rächen;
Sie hält das fliehende Verbrechen,
Das ihrer Rache lang' entrann,
Noch an des Lebens Gränzen an;
Und macht die lezte Lagerstelle,
Wenn's nun umsonst nach einer Quelle
Des Trostes und der Ruhe lechzt,
Zu einer fürchterlichen Hölle,
Vom Wehgewinsel laut umächzt;
Und stösst es endlich von der Schwelle
Des Lebens wütend in die Gruft!

Du, Unschuld, komm zu ihrem Schatten!
Komm, athme diesen Lilienduft,
Worin sich Fried' und Tugend gatten!
Wie heilig! selig! ist die Luft,
In der ein Tugendtrieb erwachte!
Empfind' es, von ihr wach geküsst:
Daß nirgendwo ein Himmel ist,
Den Unschuld nicht zum Himmel machte.

Dein Tasso athmete so rein,
In hoher Unschuld, aus dem Hain
Der Einsamkeit, die grossen Triebe
Geweihter grosser Seelen ein:
Und dennoch blühte seiner Liebe

Kein Zweig in ihrem Mirtenhain,
Um seinen Lorbeer sich zu winden,
Zu überduften seine Ruh.
Er sang, er glühete den Gründen
Und Hügeln Phyllis Namen zu.
Ach! ihn umstrikten die Geflechte
Der Tyrannei; und Bosheit rächte
An seinem Herzen, was der Kranz
Verschuldet hatte, der den Glanz
Der Sklaven eines Fürsten schwächte.
Verstossen floh er zu dem Glük
Der Einsamkeit – von den Medusen
Des Neides weit entfernt – zurük,
Und sie empfieng, mit seinen Musen
Gern ihren Liebling, ihren Sohn;
Und er entschlief an ihrem Busen,
Getränkt mit ihrem süssten Mohn.

Ihr ruhevoller Athem näret
Den Funken Geist, der in uns glüht,
Den Frieden, welcher, oft gestöret,
Am zarten Halm des Lebens blüht;
Nur wilde Leidenschaft verheeret
Ihr stilles, seliges Gebiet.
In dieser ungestörten Stille
Rafft sich mit ihrer ganzen Fülle
Die Leidenschaft empor, und reisst
In ihre Flammen Herz und Geist.
Und flieht ein Thor zu ihrer Stille,
Weil er den Weg zum Glük verlor:
So kommt aus ihrem Hain der Thor,
Mit jedem Wahn, mit jeder Grille,
Die ihn hinein trieb, auch hervor.

Die Weisheit nur streut edlen Saamen
In dies, oft zwar entweihte, Feld;
Ihr wuchsen da die grossen Namen,
Die, über Welt und Enkelwelt,
Herab von lichten Sternenhöhen,
Mit ihren Lorbeerkronen wehen,
In deren Schatten, angeglüht
Vom Feuergeiste jener Weisen,
Die junge Kunst bescheiden blüht.

Fern, von des Lebens Wirbelkreisen,
Mit Wettlaufstaube schwarz bestreut,
Tief in den Hain der Einsamkeit
Hinein zu flüchten, ziemt dem Weisen,
Der gern mit seinem Herzen spricht:
Nur sich, und Schäzze seiner Gaben,
In ihrem Schoose zu begraben,
Wie Diogen, das ziemt ihm nicht
.Sie stärk' ihn nur zur edlen Pflicht,
Für's Wohl der Menschheit aufzustreben;
Die Ruhe sey's, die hier sein Leben
Zur Reife schöner Thaten nährt,
Um es der Welt zurük zu geben,
Der auch ein Theil von ihm gehört.

Die Kraft, die sich, für die Pachome,
So mild, und doch umsonst, ergoss,
Die wars, die, gleich dem Tiberstrome,
Von jenes Römers Lippen floss,
Und einen silberhellen Spiegel
In stille Blumenthäler goss;
Dann aber, aufgestürmt vom Flügel
Der Leidenschaft, die sieben Hügel
Errettend in die Arme schloss.
Als Katilina schon die Ketten
In ihre freien Thäler trug;
Da konnt' ein Tullius nur retten,
Der mächtig das Gespinst zerschlug;
Der Weise, welcher in den Fluren
Des stillen Tuskulums die Spuren
Der Wahrheit fand, an deren Quell,
Der durch die Wiesenblumen schäumte,
Sein Geist, in stiller Laube, hell
Den grossen Traum der Zukunft träumte;
Der Weise, der uns jede Pflicht
Der ungeschminkten Tugend malte,
Die er mit seines Geistes Licht
Warm, wie mit Lebensglut, umstralte;
Die, nur in eignem Daseyn froh,
Aus dem zu rauschenden Getümmel,
Mit ihrem Kato zu dem Himmel
Der süssen Lebensstille floh.

Hier brach Lukrez auch manche Blume
Der keuschverhüllten Wahrheit ab,
Die dann aus ihrem Heiligthume,
Troz ihm, Unsterblichkeit ihm gab.
Hier sah er manches Glied der Kette
Der grossen Unermessenheit,
Werth, daß er auch Unsterblichkeit
Geglaubt, gefühlt, gesungen hätte!

Und du, mein Maro, holtest du
Nicht deinen Lorbeer aus dem grünen,
Vertrauten Grottenhain der Ruh,
Wo jene Bilder dir erschienen,
Womit du, wahr, wie die Natur,
Die Lieder deiner Hirten schmüktest,
Und, wie die Schäfer deiner Flur,
Den üppigen Mäzen entzüktest,
Den längst die Grazien verwöhnt,
Und nun zu ihrem Richter hatten?
In deinem süssen Mirtenschatten,
Von deiner hohen Laut' umtönt,
Schwelgt' er in deines Geistes Fülle.

Wer aber schöpft' aus deiner Stille,
Geliebte Einsamkeit, so tief
Die feine Kunst, des Narrn zu spotten,
Der sich auf Ahnenschaft berief,
Und träg auf fremdem Lorbeer schlief?
Wer war's, der aus den Venusgrotten
Der Griechenflur die Scherze rief,
Die nun auf Tiburs Hügeln tanzten,
Und in die todten Wüstenei'n
Den Liedervollen Opferhain
Der schönen Grazien verpflanzten?
Dein Flakkus! der, am Lenzgesträuch
Froh hingegossen, süss und weich,
Wie das Geseufz' im Hain des Taubers,
Für Lalage die Flöte blies;
Und nun, mit allem Pomp des Zaubers,
Den hohen Hymnus rauschen lies;
Und nun auf einer Rasenstelle,

Beim leisen Flüstern seiner Quelle,
Den Himmel reiner Seelen pries!
Dein Flakkus fand erst in der Stille,
Von Roms Tumulten ungestört,
Die Ruhe, welcher keine Grille,
Die sich in falscher Hoheit ehrt,
Das Rieseln ihrer Tag' empört.
Er schöpft' aus ihr die ganze Fülle
Der Lebensweisheit, die uns lehrt,
Den Werth der Dinge, nach Gesezzen
Der richtenden Vernunft, zu schäzzen,
Die, was ihr minder angehört,
Als fremde Güter, leicht entbehrt.
So schlich er, nur mit Stunden geizend,
Die frohe Leier in der Hand,
Durch seinen Wald, den er so reizend,
Vor allem Erdgepränge, fand;
Zufrieden, wenn ihm nur die Mirthe,
Durch welche sanft die Sympathie
Verliebter Turteltauben girrte,
Zum Abendschmaus den Kranz verlieh.

Katull – auf Nachtigallenflügeln
Flog seine Phantasie empor,
Wenn sich auf stillen Schattenhügeln,
Mit Lesbia, sein Geist verlor.
Fern von dem Taumel, der, halb thierisch,
Den gröbern Sinn für sich erkor,
Sang er den Lüften, welche lyrisch
Um seine Leier schwärmten, vor.
Noch blühn die Rosen, die den Sizzen
Der Freundschaft ihren Purpur streu'n;
Noch grünt der schöne Mirtenhain,
Worin, auf zarten Blumenspizzen,
Sein Lied, das keine Zeit begräbt,
Weil es die Grazien beschüzzen,
Leicht, wie ein Zephyr, hingeschwebt;
Und lieblich, wie die Blüt' im Thale,
Das nie Petrarka's Lied vergisst,
Wo, wie bei einem Liebesmahle,
Ein Veilchen sanft das andre küsst;
Wo das Vermälungsfest der Düfte
Ein süsser Seelenwechsel ist,

Und selbst der Athemzug der Lüfte,
Von jenem Zauber noch berauscht,
Melodisch in den Zweigen schmachtet,
Von deren Schatten grün umnachtet,
Und von der Stille nur belauscht,
Der Sänger jenen Blütenregen
Besang, der sich auf Laura goss,
Daß, unter seinen Harfenschlägen,
Der stille Bach noch stiller floss.

Und Thomson – welche Hymnustöne
Entquillen seiner Einsamkeit!
Die über jede Frülingsszene
Die Jugend eines Lebens streut,
Das, angehaucht von einem Gotte,
Die Welt, wie eine Braut umschlingt,
Die Haine stimmt und bis zur Grotte,
Worin ein Wesen schlummert, dringt.
Durch alles weht der Geist der Liebe,
Die aus den Nachtigallen singt,
Und sich mit ihrem Schmeicheltriebe
Selbst um die grauen Eichen schlingt.
Wie rauschen jene Wasserfälle,
Gleich dem Gewühl der wilden Lust!
Wie schmiegt sich um die Silberbrust
Der Nymphe sanft die Rasenstelle,
Um die der Ahornschatten hängt!
Wie sich der Nymphentanz der Quelle
In krausen Reihen, Well' an Welle,
Von Veilchen angelächelt, drängt!
Nun blüht die Ros', und Sommerlüfte
Wehn um die heitre Königin,
Und bringen ihre frischen Düfte
Zum Opfer einer Schäferin,
Die, von der Mittaghizze glühend,
Zu einem Ulmenwäldchen irrt,
Wo Liebe flüstert; wo ein Hirt,
In vollen Jugendlokken blühend,
Sie freundlich überraschen wird.
Gern flieht der Dichter das, mit Schiefer
Und mit Statü'n beschwerte, Dach;
Er schleicht Gedankenfreuden nach,
Zur Hainesstill', und dringet tiefer

Zum Sizze der Begeisterung:
Er sieht durch grüne Dunkelheiten
Tief in des Waldes Heiligung
Die feierlichen Geister schreiten,
Die, nah mit unserm Geist verwandt,
Ins Land der Ruh hinein geflüchtet,
Wo keine Zeit, und keine Hand
Des Frevels mehr den Kranz vernichtet,
Den sich die stille Tugend wand.

Siehe Thomsons Sommer.

Nun tritt sein Herbst auf, im Gesange
Der lezten Stimme jeder Flur;
Und an der Waldung blühet nur
Das Schwindsuchtroth noch auf der Wange
Der ruhig sterbenden Natur!
Nun schleicht zur röthlichgelben Laube,
Zur dichterischen Einsamkeit
Des Denkers Abgeschiedenheit.
Willkommen, Ruhe! wo die Traube
Den Lippen ihren Nektar beut.
Schon ziehn die Vögel, und begleiten
Den längern Tag zur wärmern Welt;
Und grosse Wolkenschatten schreiten
Nun Riesenmässig übers Feld;
Und ihnen folgt dann öd' und traurig
Die Todesfeier der Natur.
Horch! ihre Manen ächzen schaurig
Um den gestorbnen Halm der Flur!
Der Hain verschied; den grünen Schleier
Des Lebens warf er seufzend ab!
Dort sinkt der Jubel seiner Feier
Zu den Verwesungen hinab!
Sag! welcher Spiegel zeigt wol treuer
Dem Menschen sein gewisses Grab?
Doch wird er leben, wieder leben!
Der Wald wird wieder auferstehn!
Dann wird ein geistigleises Wehn
Sein wallendes Gewand umschweben;
Begeistert werden Thal und Höh'n
Den Auferstehungspsalm erheben,
Und ihr Verklärungsfest begehn!

Nun folge mir zu jenen Nächten,
Wo neben Young der Tiefsinn wacht,
Der, troz der schwarzen Mitternacht,
Aus labyrinthischen Geflechten
In eine heitre Sphäre blikt,
Und unter Ahndungsvollen Lüften,
In heiligen Zypressendüften,
Von Gräbern Himmelsfreuden pflükt.
Hier sah' er leuchtender den Stempel
Der Gottheit, Welten aufgedrükt;
Und Welten waren nun sein Tempel,
Die Wahrheit seine Priesterin.
Mit welchem feierlichen Sinn
Trat er an ihren Altar hin!
Wie himmelvoll! wenn nun das kühnste
Der Lieder diese Szene sang,
Und zu dem grossen Gottesdienste
Der feiernden Natur sich schwang!
Das Grab, das seinen Tag verschlang,
Sah er im Schatten ruhig modern;
Sie, die sein süsses Leben war,
Sie sah er stehn am Glanzaltar,
Auf welchem glorreich Sonnen lodern.
Ein Himmel der Unsterblichkeit,
Die zu den eingesunknen Trümmern
Verblühter Tag' ein leises Schimmern,
Durch Mondgewölk, hernieder streut,

Entstieg dem theuren Aschenkruge,
Auf den des Sehers Thräne fiel.
Die Einsamkeit gab seinem Fluge
Den hohen Schwung zum Palmenziel.

Sie führte Popen durchs Gewühl
Der Erdenszenen, bis zum Throne,
Wo er, in einer sichern Hand,
Das erste Glied der Ordnung fand.
Die Stille wars, die diesem Sohne
Der Weisheit, mit geweihter Hand,
Die grosse Epheulorbeerkrone
Des hohen Mäoniden wand.
Die Stille wars, die keinen Störer
In seine werthe Grotte lies,
Wo sie den Denker an den Lehrer,

Den grossen Lehrer, Tod! verwies;
Der, unter Palmendämmerungen,
Von Knoten, die ein Gott geschlungen,
Ihm die Entwikkelung verhies.

So flog, in den Begeisterungen
Der hohen Abgeschiedenheit,
Dein Kronegk zu der Seligkeit,
Zu den erhabnen Huldigungen
Der reinen Geisterwelt empor,
Wo er der Erde Dämmerungen
Aus dem entzükten Blik verlor.
Hell trat aus einem Götterchor,
Mit ihrem Stralenkranz umschlungen,
Serena's lichte Seel' hervor.
Er fühlte kaum noch vom Getümmel
Des Lebens eine leichte Spur;
Serena's Gottheit fühlt' er nur.

Und er, mein Opitz, welchen Himmel
Fand er auf Zlatnas goldner Flur!
Im Stolz am Arme der Natur
Der höhern Freude nachzuschleichen,
An der ein Stral von Seele blizt,
Verachtet' er den Stolz des Reichen,
Der arm ist, und nur Gold besizt.
Hier war der weise Sänger freier,
Und liederreich, wie Zlatnas Hain.
Die Stille hauchte seiner Leier
Die hohe Lebensweisheit ein.
Ihm hat der Genius den reinen
Einweihungskuss zuerst geküsst:
Begeistert sang er nun den Hainen
Germaniens, das ihn – vergisst.

Noch stolzer gieng, wie eine Blüte
Des Aethers, den sie früh erhellt,
Die Sonne Leibnitz auf, und glühte
Den jungen Stral durch ihre Welt.
Da flohe vor des Denkers Strale
Die dumpfe kalte Dunkelheit!
Ihn lud ein Wink der Einsamkeit
Zum hohen Geistesbakchanale,

Dem aus dem schönsten Quellenthale
Die Wahrheit ihre Blumen streut.
Im Innersten des Heiligthumes
Der Nacht, erzog die Einsamkeit
Die schönen Kränze seines Ruhmes.

Wenn wir uns in des Lebens Hain
Weit von uns selbst verloren hatten:
Sie samlet uns in ihrem Schatten,
Und führt uns in uns selbst hinein.
Weh aber! weh dem Wahn des Thoren,
Der da in eine Wüste tritt!
Wie fremd ist's rund um seinen Schritt!
Er fühlt sich nur noch mehr verloren.
Nun flüchtet er voll Ungeduld
Aus sich hinaus, hin zum Getöse,
Daß ihn der rauschende Tumult
Wohlthätig von ihm selbst erlöse;
Erlöse vom Gefühl der Pein,
Sein eigener Gefährt zu seyn,
Durch irgend eine Flur des Lebens.
Und wenn nun ihn der Rausch verläst:
Ganz einsam sucht er dann vergebens
In sich ein stilles Friedensfest!

Wo blüht ihr feierlichen Rosen,
Dem Denkerbakchanal geweiht?
Empfangt mich von dem wilden Tosen
Der Flut in eure Einsamkeit!
Nimm mich, gedankenvolle Ruhe,
In deine Abgeschiedenheit,
Die dann auf alles, was ich thue,
Die Blumen ihrer Stille streut!
Geliebte, süsse Einsamkeit,
Auf alles drükst nur du den Stempel
Der dauernden Vollkommenheit!
Von nun an sey ein Göttertempel
Von meinem Herzen dir geweiht!

Wie leicht wird jede Wunde heilen,
Die irgend eine Hand mir schlägt:
Wenn mich der Wellenstrom, zuweilen
Nur, an ein stilles Ufer trägt,

Wo jene tausend Stimmen schweigen,
Von welchen, wie's der Zufall schikt,
Die Eine gleich die Andr' erstikt;
Wo unter leis' umhauchten Zweigen
Die Ruhe mir entgegen nikt;
Wo keine Blüte meiner Jahre
Die Flut des Weltgewühls verschlingt,
Von dem ich dann nichts mehr erfahre,
Als was ein Schiffbruch zu mir bringt,
Der sich, von Sturm und Tod umringt,
Ans Ufer meiner Stille rettet,
Wo, jedem Herzenszwang' entkettet,
Das Leben dem Gewässer gleicht,
Das, nie von einem Sturm erreicht,
In Veilchenufer hingebettet,
Durch singende Gebüsche schleicht;
In deren Schatten das Vergessen
Des Harms auf seidnem Rasen liegt.

Wo grünt ihr dämmernden Zypressen,
Um die kein Wunsch der Thorheit fliegt;
Die ihr, zu still dem wilden Schwarme,
Im Liebgekose grüner Arme
Mein Eremitenhüttchen wiegt.
Da tritt, mit manchem Kranz umschlungen,
Entflohne Zeit, da tritt hervor!
Hervor mit den Beseligungen
Des Thals, in dessen Dämmerungen
Mein Leben sich schon halb verlor.
Bring alle deine Jugendtänze;
Bring alles, was ich that und litt,
Die Rosen und Zypressenkränze,
Selbst meine Thorheit bring mir mit,
Samt ihren Träumen, ihren Spielen,
Und alles, was mein Herz bereut:
Denn auch auf Stellen, wo wir fielen,
Zurük zu schaun, ist Seligkeit.
Die Hoffnung hat mir oft gelogen;
Je glühender mein Herz gehofft,
Je kälter hat sie mich betrogen;
Die Gegenwart selbst täuscht uns oft;
Wir stehn uns dann noch viel zu nahe,
Um uns, so wie wir sind, zu sehn;

Wer hat wol – las es uns gestehn! –
So gut er in der Fern' auch sahe,
Nie seine Nähe falsch gesehn?
Erinnrung ist der treue Spiegel,
Der uns, so wie wir sind, uns zeigt,
Wenn viel zu hoch mit uns der Flügel
Der allzuraschen Hoffnung fleugt.
Sie führe mich zum stillsten Hügel
Der Ruhe, den ihr Geist umweht,
Wo, Schritt vor Schritt, das Herz am Zügel
Den ihre Warnung führet, geht;
Das Herz, das nur zu gern am Riegel
Der dunkeln Zukunft horchend steht.
Auch mein Herz stand mit Wunsch und Klage
Vor der, mit Recht verschlossnen, Thür,
Nicht achtend, daß es traurig hier
Den Tag der Gegenwart verschlage.
Die nächste Zukunft meiner Tage
Gehört der Zukunft und nicht mir!
Und doch, wenn je zum Reiz der Ferne
Mein Geist hinaus zu fliegen strebt,
So sey's ein Blik zum Abendsterne,
Wo meine Seelenfeier schwebt;
Wo unter seligen Gesträuchen
Der Liebe sich mein Geist verlor,
Wenn sich den Schatten dunkler Eichen
Zum Tempel meine Seel' erkor.

Ihr seelevollen Schwärmereien!
Ihr Geister meiner schönsten Zeit!
Verlast nie meine Einsamkeit,
Um sie zum Tempel mir zu weihen,
Um den, im Lispel junger Maien,
Der Ulmbaum seine Arme schlägt!
Die Priesterin in diesem Tempel
Sey nur die Freude, die den Stempel
Des hohen Götterfunkens trägt.
Las michs – in seiner höchsten Fülle

Mit Zittern fühlen, süsse Stille,
Die unter meinen Ulmen thront,
Daß tief in meiner Blütenhülle
Die Gottheit einer Seele wohnt!